This Activity Book
Belongs To

____

____

Aa *is for* Animals

A A a a a

B b
is for
Bat

C c
is for
Cow

Dd *is for* **Dolphin**

D D d d d

E e *is for* **Egg**

F f *is for* **Fish**

G g is for Goat

Hh is for Horse

is for
Ice cream

Jj *is for* Jaguar

K k
is for
Kangaroo

Ll
is for
Llama

M m *is for* Mouse

N n
is for
Nest

O is for
Orange

P p
is for
Parrot

Q q *is for*
Quail

R r
is for
Rabbit

S is for
Spider

Tt

Uu *is for* Unicorn

V is for Vase

W *is for* Worm

w w w w w

X is for Xylophone

Yy
is for
Yak

Z

Zebra

A A A A A A A

A A A A

APPLE APPLE

A A A A A A A

A A A A A A A

APPLE APPLE APPLE

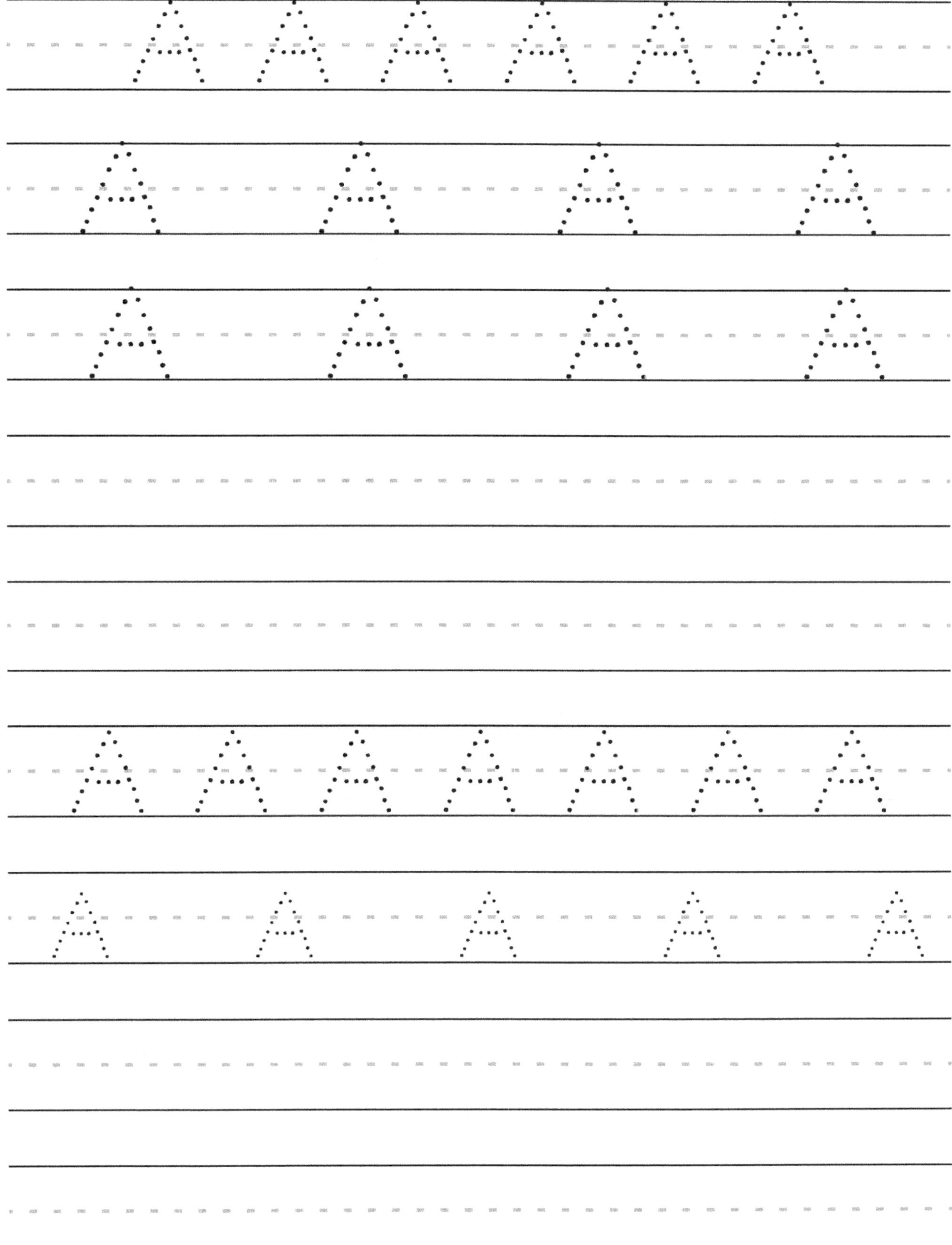

B B B B B B

B B B B

B B B B

B B B B B B B

B B B B B B

D D D D D D
D D D D
DOG DOG
D D D D D D D
D D D D D
DOG DOG DOG

D D D D D D

D D D D

D D D D

D D D D D D D

D D D D D

E E E E E E

E E E E

E E E E

E E E E E E

E E E E E

F F F F F F

F F F F

FROG FROG

F F F F F F

F F F F F

FROG FROG FROG

F F F F F F

F F F F

F F F F

F F F F F F F

F F F F F

G G G G G G

G G G G

GOAT GOAT

G G G G G G G

G G G G G G

GOAT GOAT GOAT

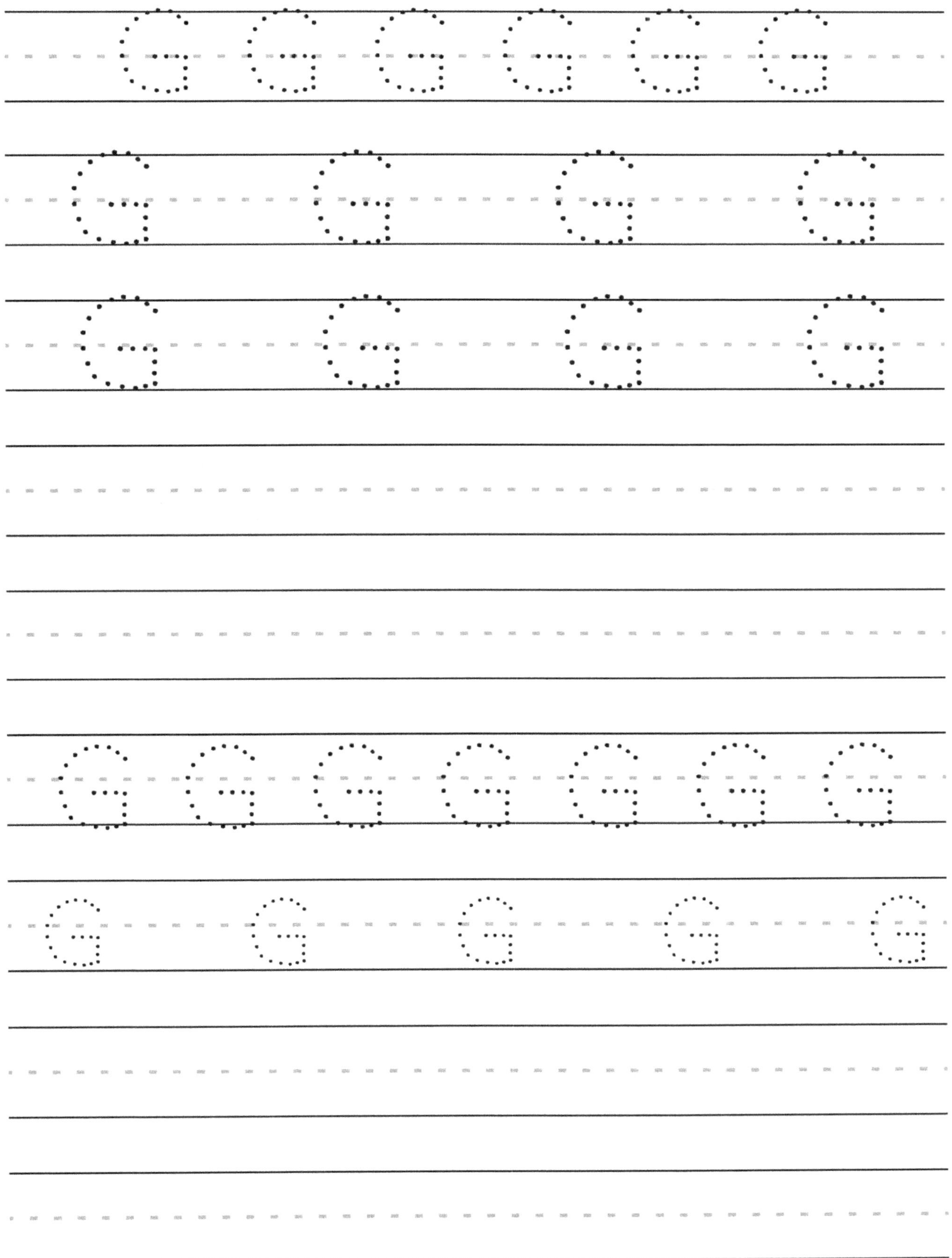

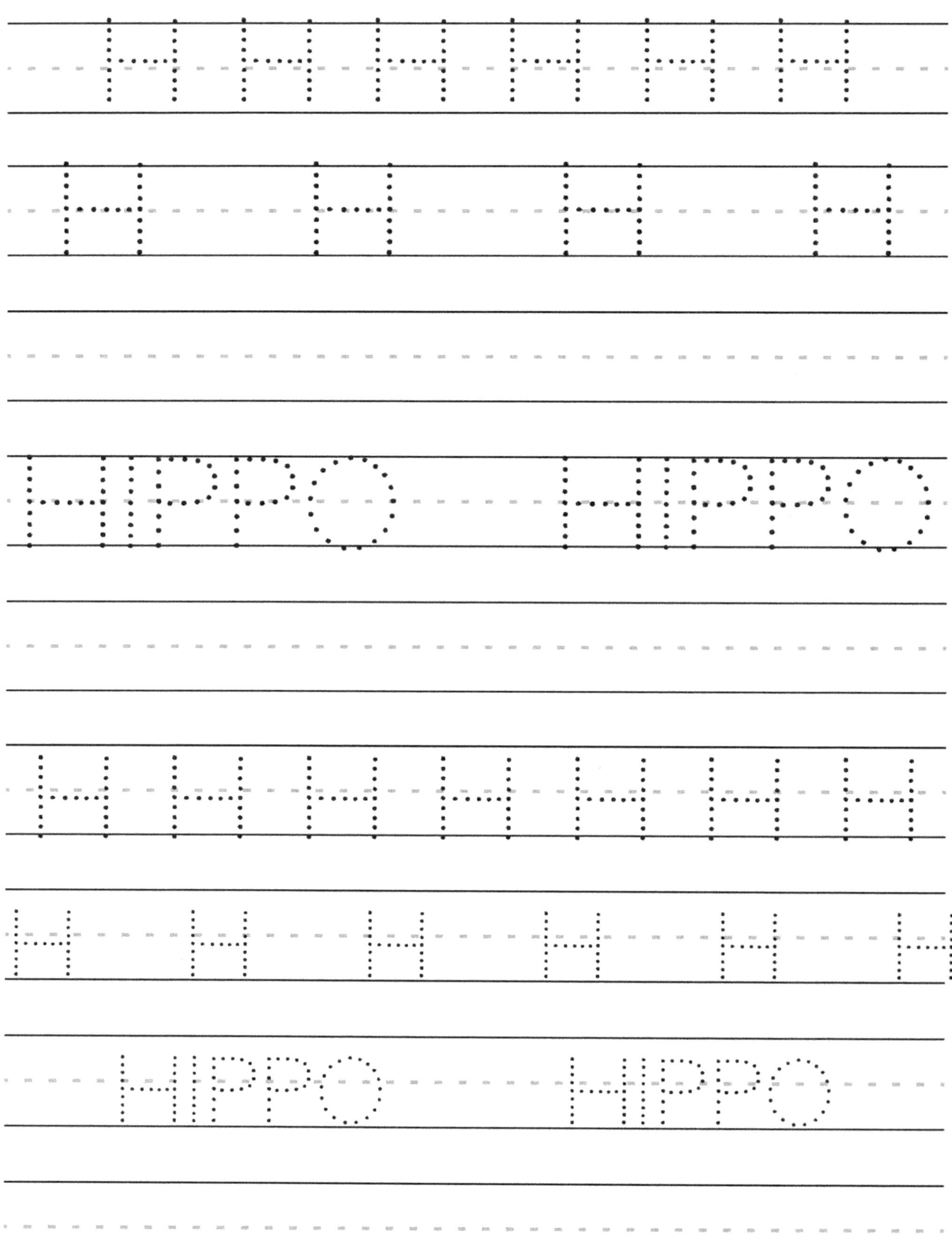

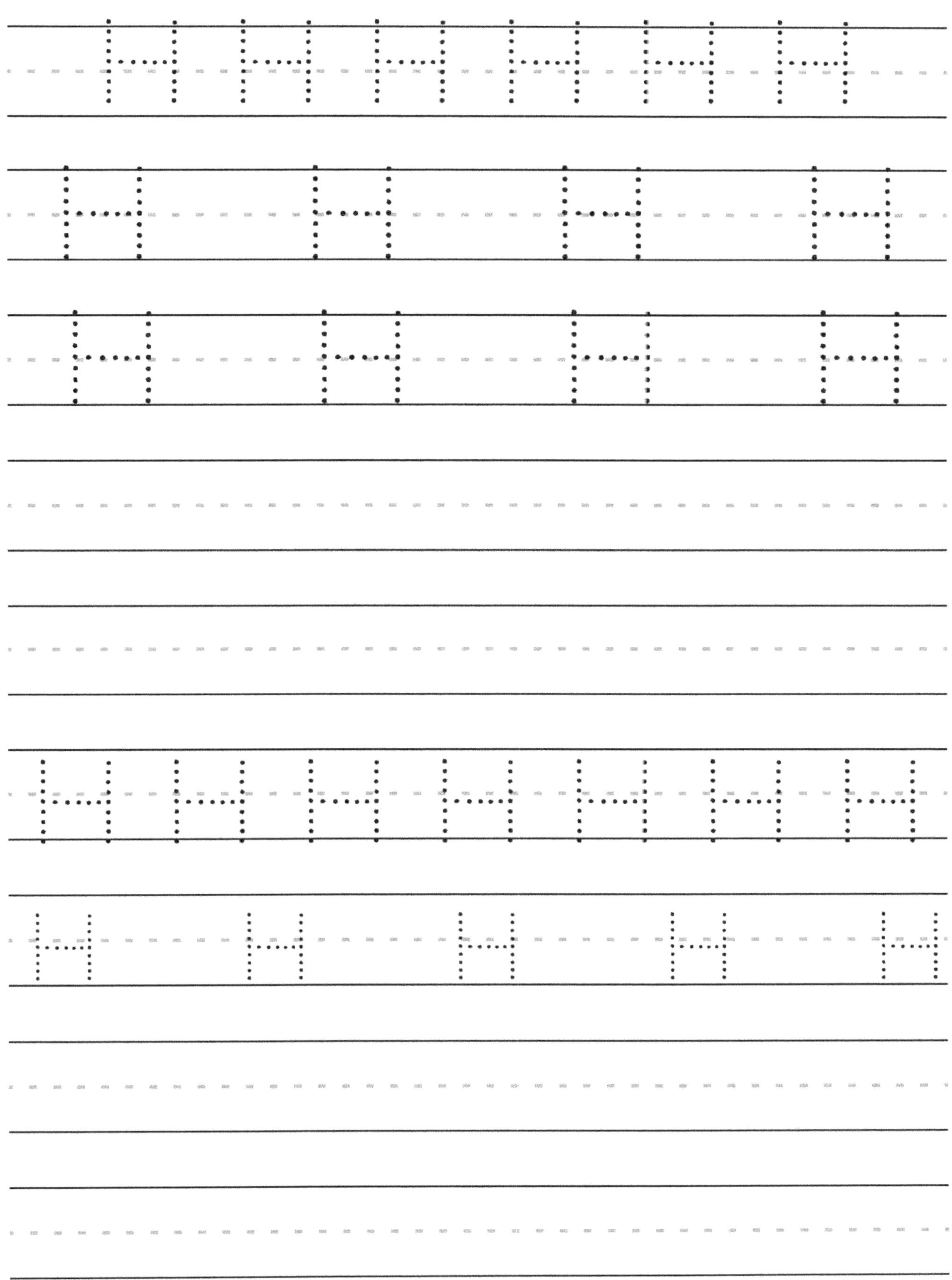

I I I I I

I I I I I

IGLOO

I I I I

I I I I I

IGLOO   IGLOO

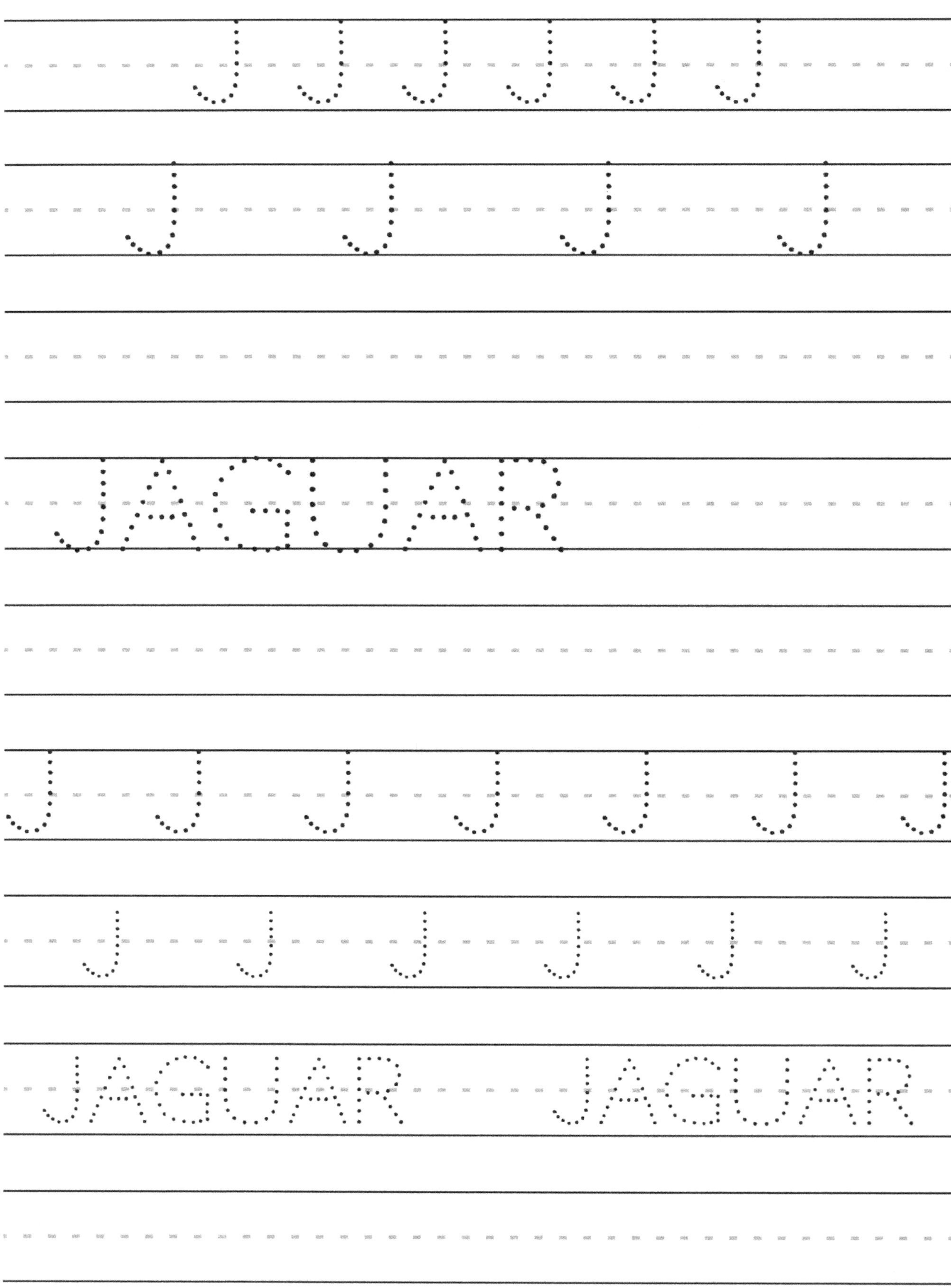

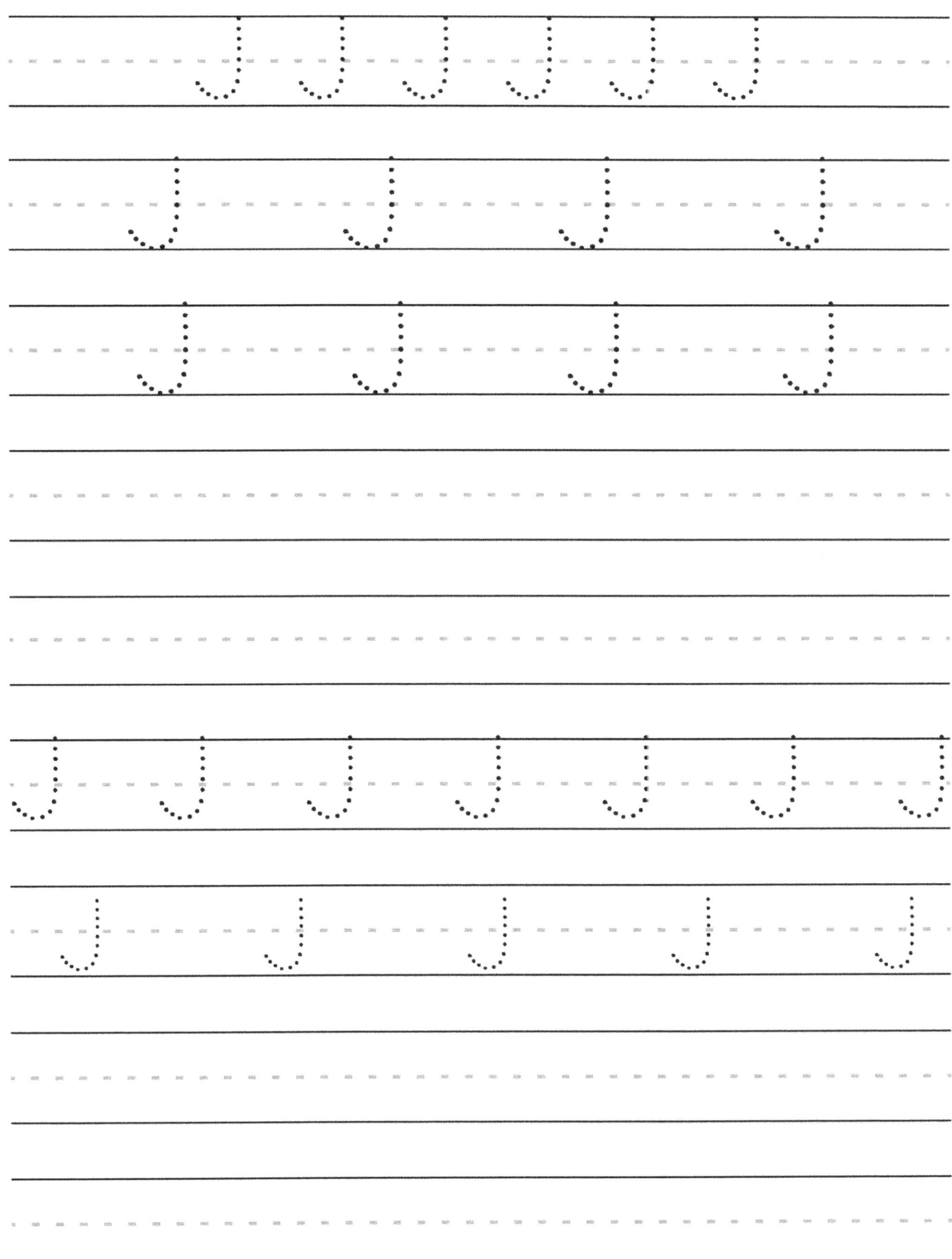

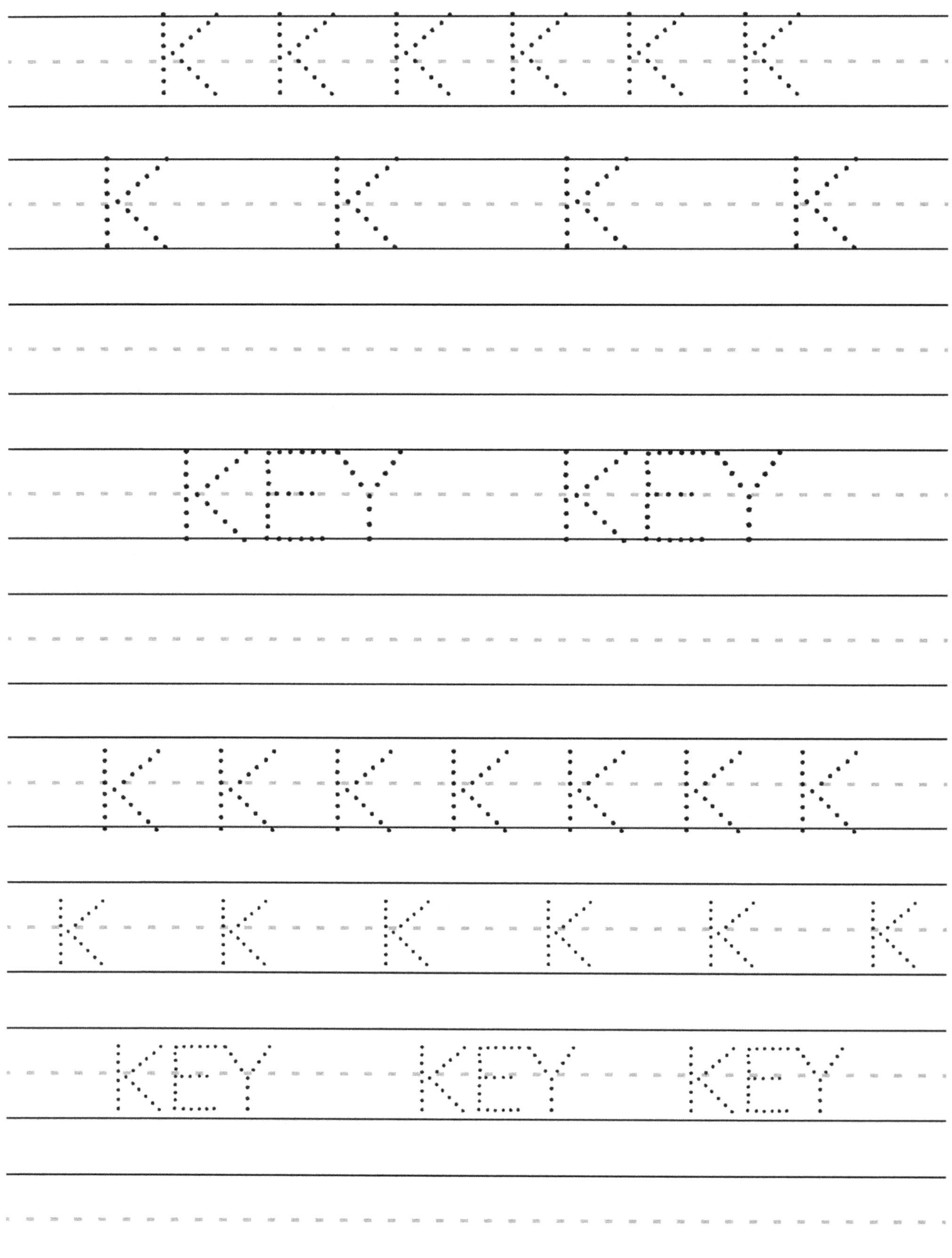

L L L L L L

L L L L

L L L L

l l l l l l l l

l l l l l

M M M M M M

M M M M M

MONKEY

M M M M M M M

M M M M M M M

MONKEY MONKEY

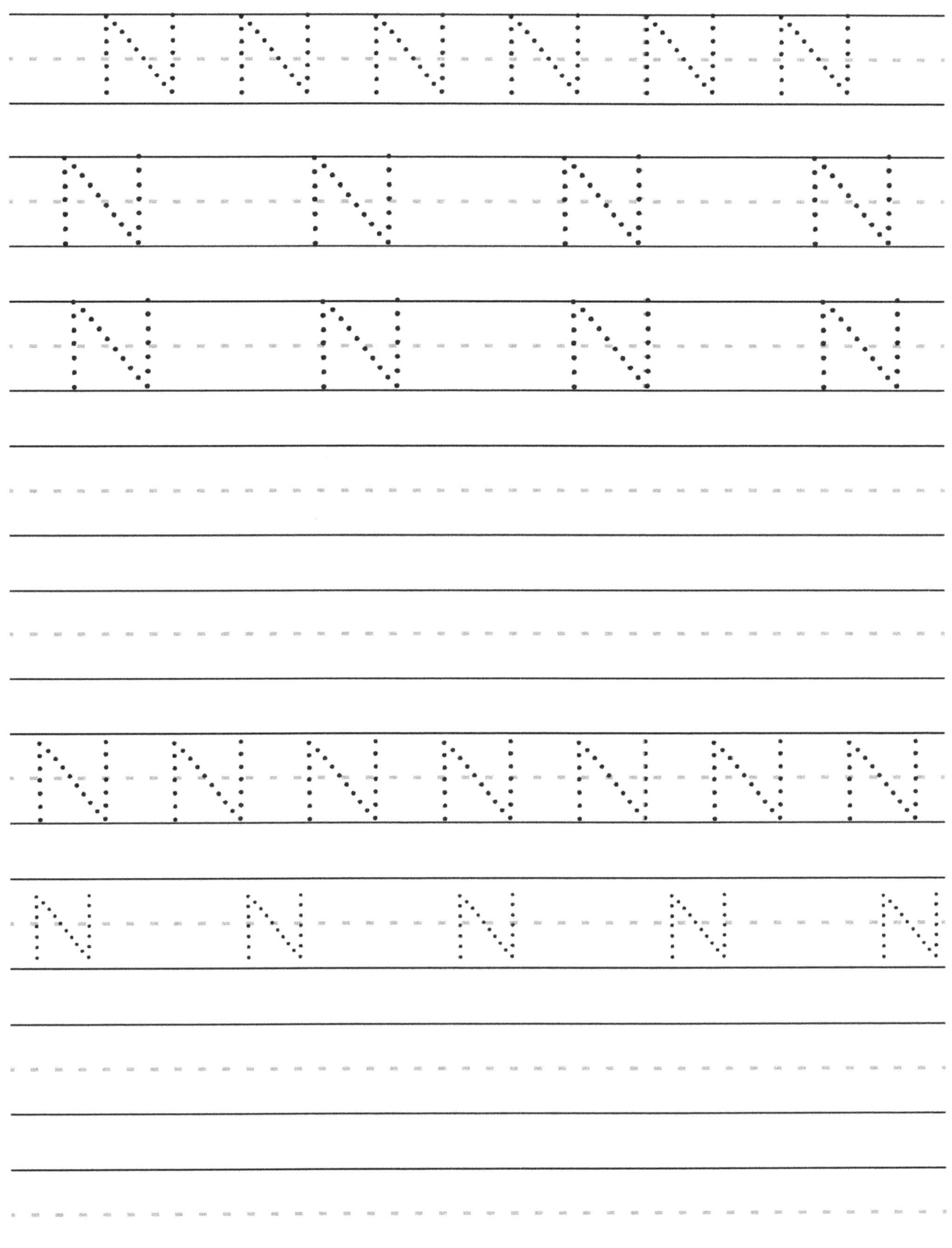

OWL

P P P P P P

P P P P

PEAR PEAR

P P P P P P P

P P P P P

PEAR PEAR PEAR

p p p p p p

P P P P

P P P P

p p p p p p p

p p p p p

R R R R R R

R R R R

RABBIT RABBIT

R R R R R R R

R R R R R R

RABBIT RABBIT

R R R R R R

R R R R

R R R R

R R R R R R

R R R R

S S S S S S

S S S S

SHARK SHARK

S S S S S S

S S S S S S

SHARK SHARK

S S S S S S

S S S S

S S S S

S S S S S S

S S S S S

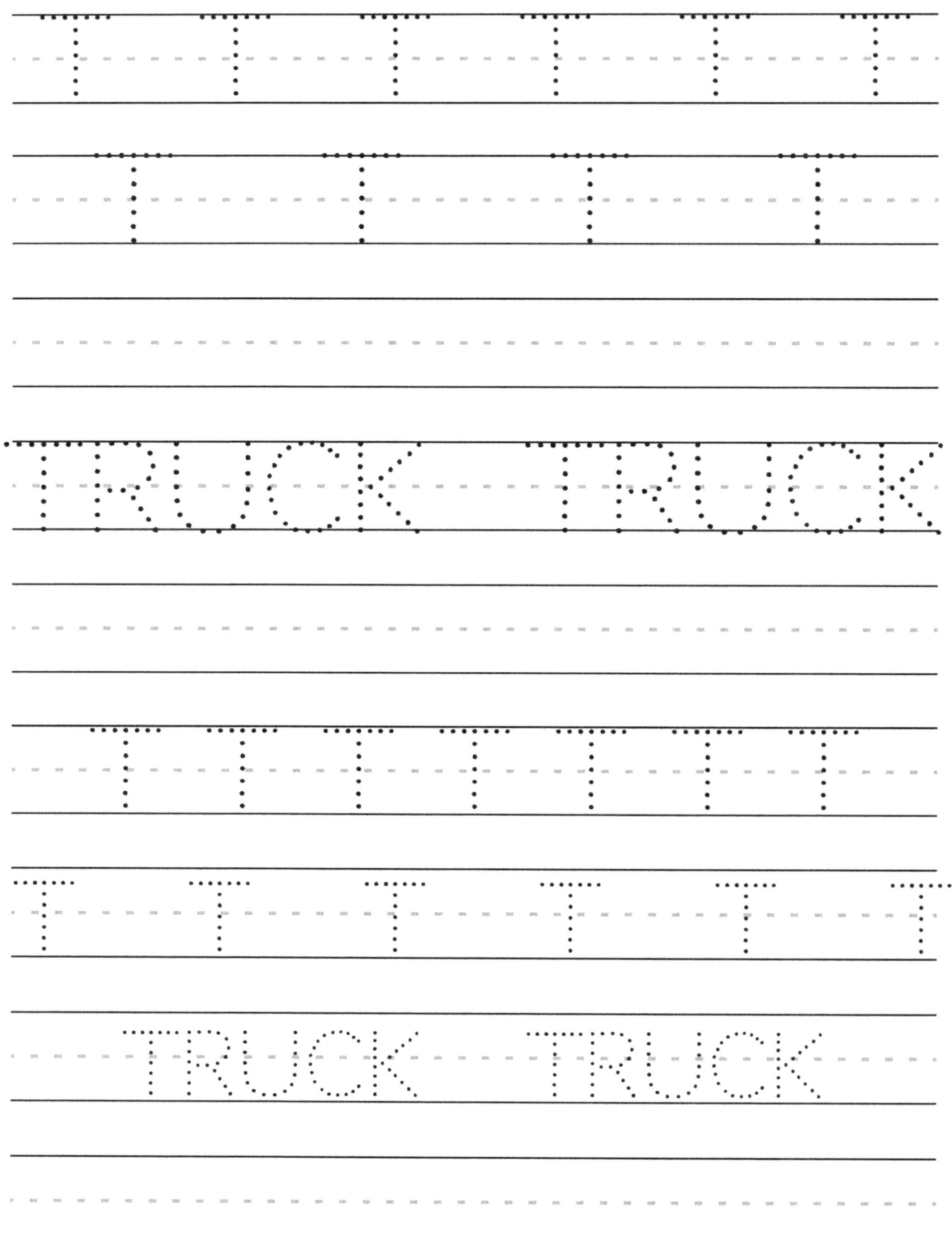

T T T T T T

T T T T

T T T T

T T T T T T T

T T T T T

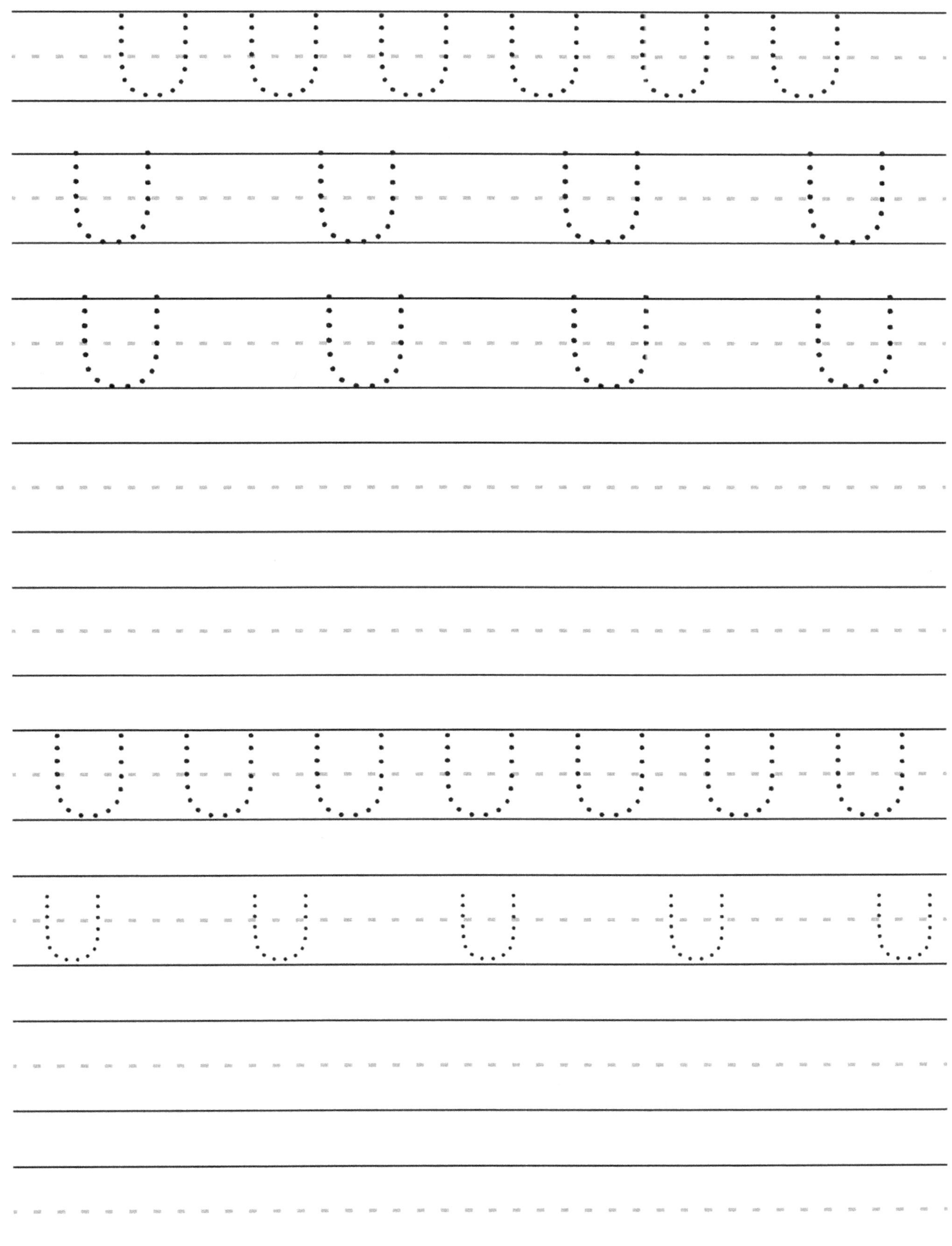

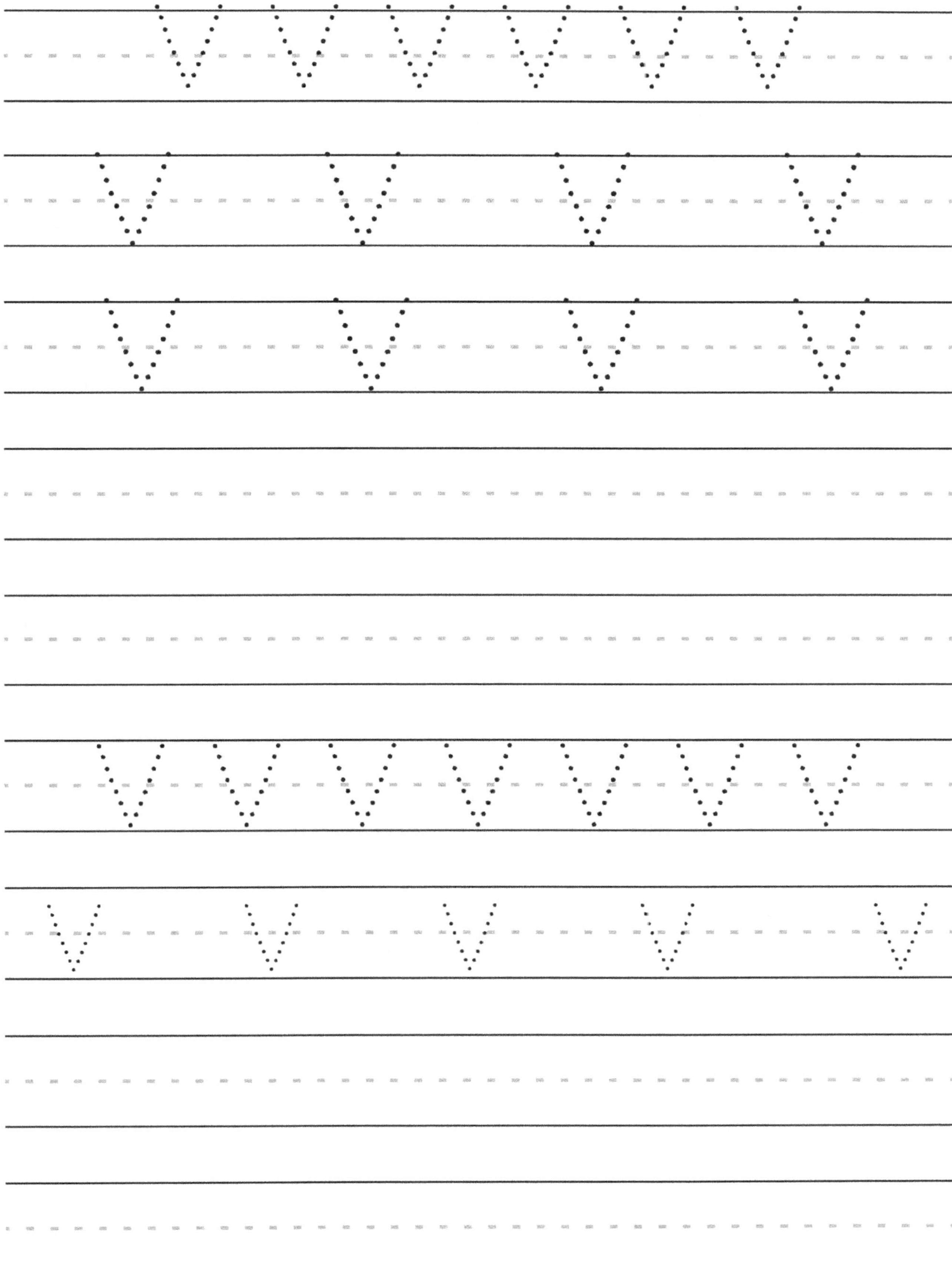

W W W W

W W W W

WHALE

W W W W W W W

W W W W W W

WHALE WHALE

W W W W

W W W W

W W W W

W W W W W W W

W W W W W

X X X X X X X

X X X X

XYLOPHONE

X X X X X X X

X X X X X X

XYLOPHONE

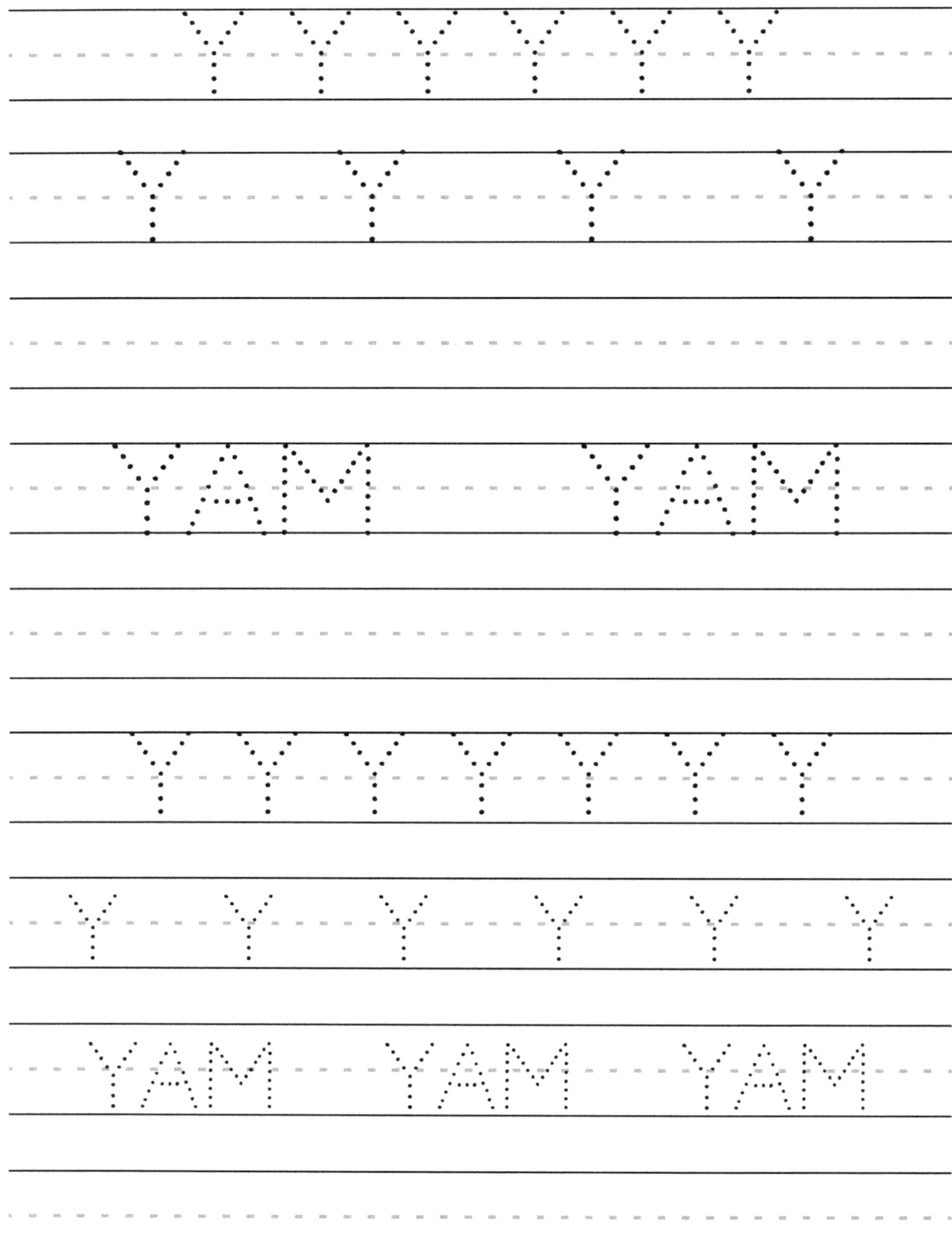

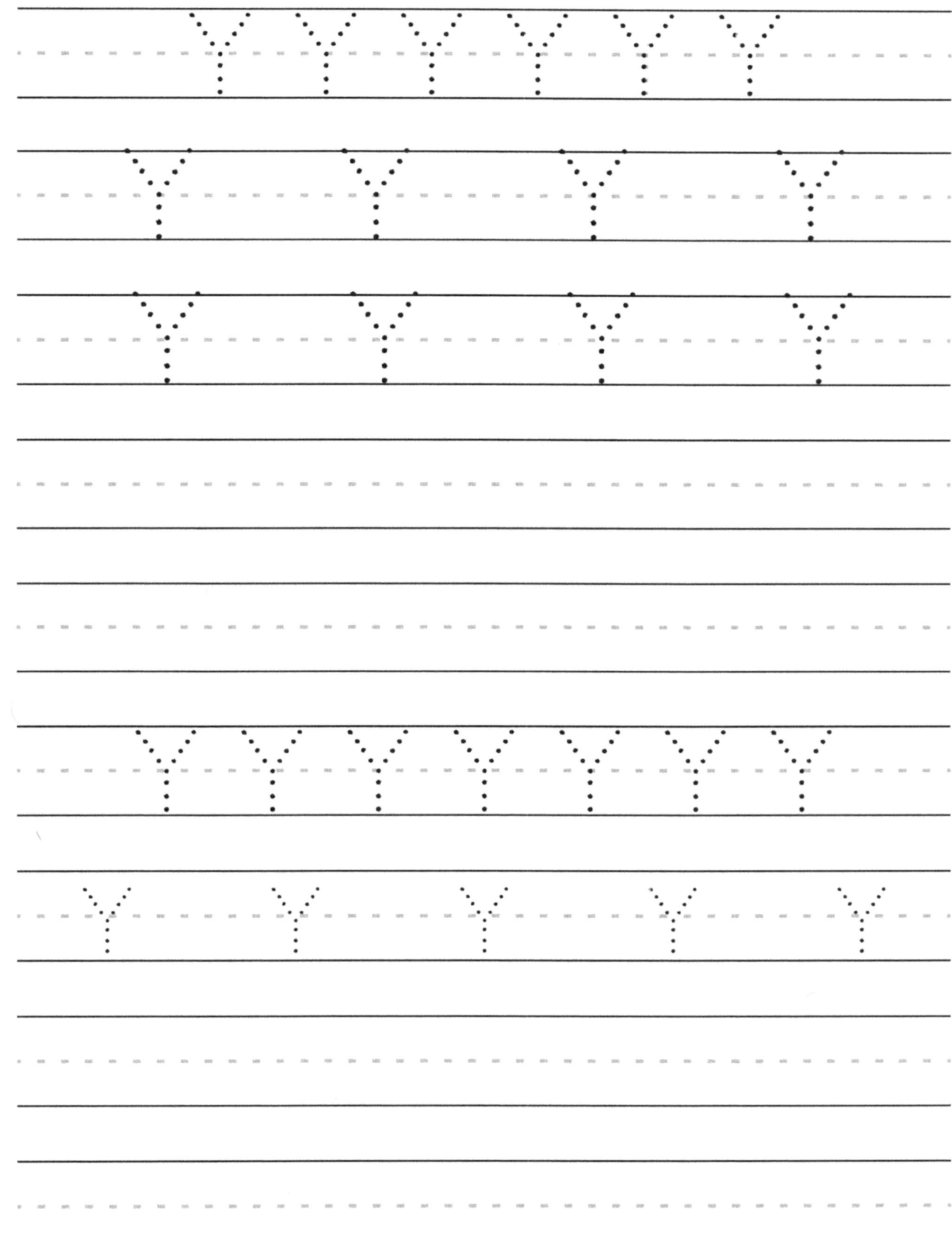

7 7 7 7 7 7 7

Z Z Z Z Z

ZEBRA

Z Z Z Z Z Z Z Z

Z Z Z Z Z Z

ZEBRA ZEBRA

Z Z Z Z Z Z

Z Z Z Z

Z Z Z Z

Z Z Z Z Z Z Z

Z Z Z Z Z

ONE
1 1 1 1 1 1 1 1 1
1 1 1 1 1 1 1 1 1
1 1 1 1 1 1 1 1 1
One One One One
One One One One

One One One One

One One One One

One One One One

One One One One

One One One One

One One One One

One One One One

2 TWO
2 2 2 2 2 2
2 2 2 2 2 2
2 2 2 2 2 2
Two Two Two Two
Two Two Two Two

2 2 2 2 2 2

2 2 2 2 2 2

2 2 2 2 2 2

2 2 2 2 2 2

2 2 2 2 2 2

2 2 2 2 2 2

3 THREE

3 3 3 3 3 3

3 3 3 3 3 3

3 3 3 3 3 3

Three Three Three

Three Three Three

3 3 3 3 3 3

3 3 3 3 3 3

3 3 3 3 3 3

3 3 3 3 3 3

3 3 3 3 3 3

3 3 3 3 3 3

Three Three Three

Three Three Three

Three Three Three

Three Three Three

Three Three Three

Three Three Three

Three Three Three

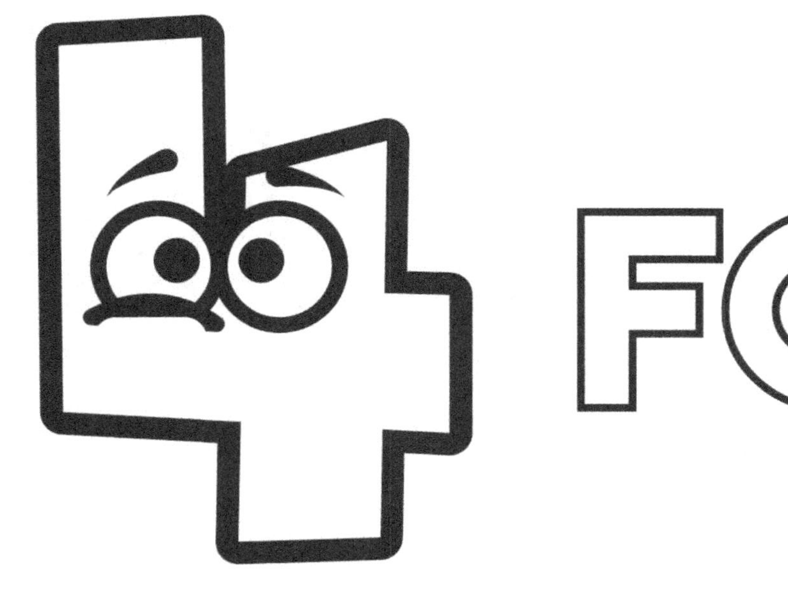

FOUR

Four Four Four Four

Four Four Four Four

Four Four Four Four

Four Four Four Four

Four Four Four Four

Four Four Four Four

Four Four Four Four

5 5 5 5 5 5

5 5 5 5 5 5

5 5 5 5 5 5

Five Five Five Five

Five Five Five Five

5 5 5 5 5 5

5 5 5 5 5 5

5 5 5 5 5 5

5 5 5 5 5 5

5 5 5 5 5 5

5 5 5 5 5 5

Five Five Five Five
Five Five Five Five
Five Five Five Five
Five Five Five Five
Five Five Five Five
Five Five Five Five
Five Five Five Five

SIX
6 6 6 6 6 6
6 6 6 6 6 6
6 6 6 6 6 6
Six Six Six Six Six
Six Six Six Six Six

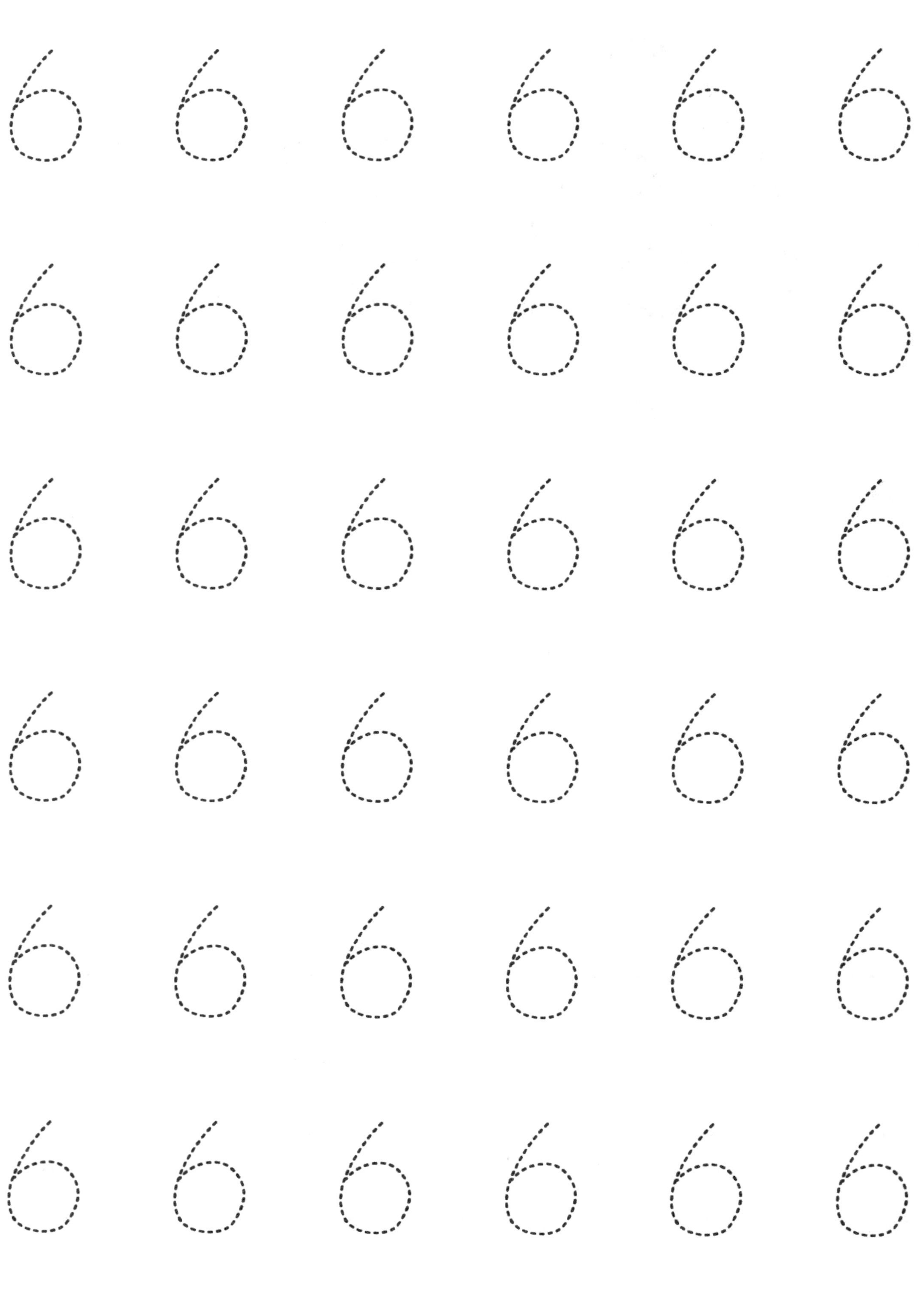

Six Six Six Six Six

Six Six Six Six Six

Six Six Six Six Six

Six Six Six Six Six

Six Six Six Six Six

Six Six Six Six Six

Six Six Six Six Six

7 SEVEN
7 7 7 7 7 7 7 7
7 7 7 7 7 7 7 7
7 7 7 7 7 7 7 7
Seven Seven Seven
Seven Seven Seven

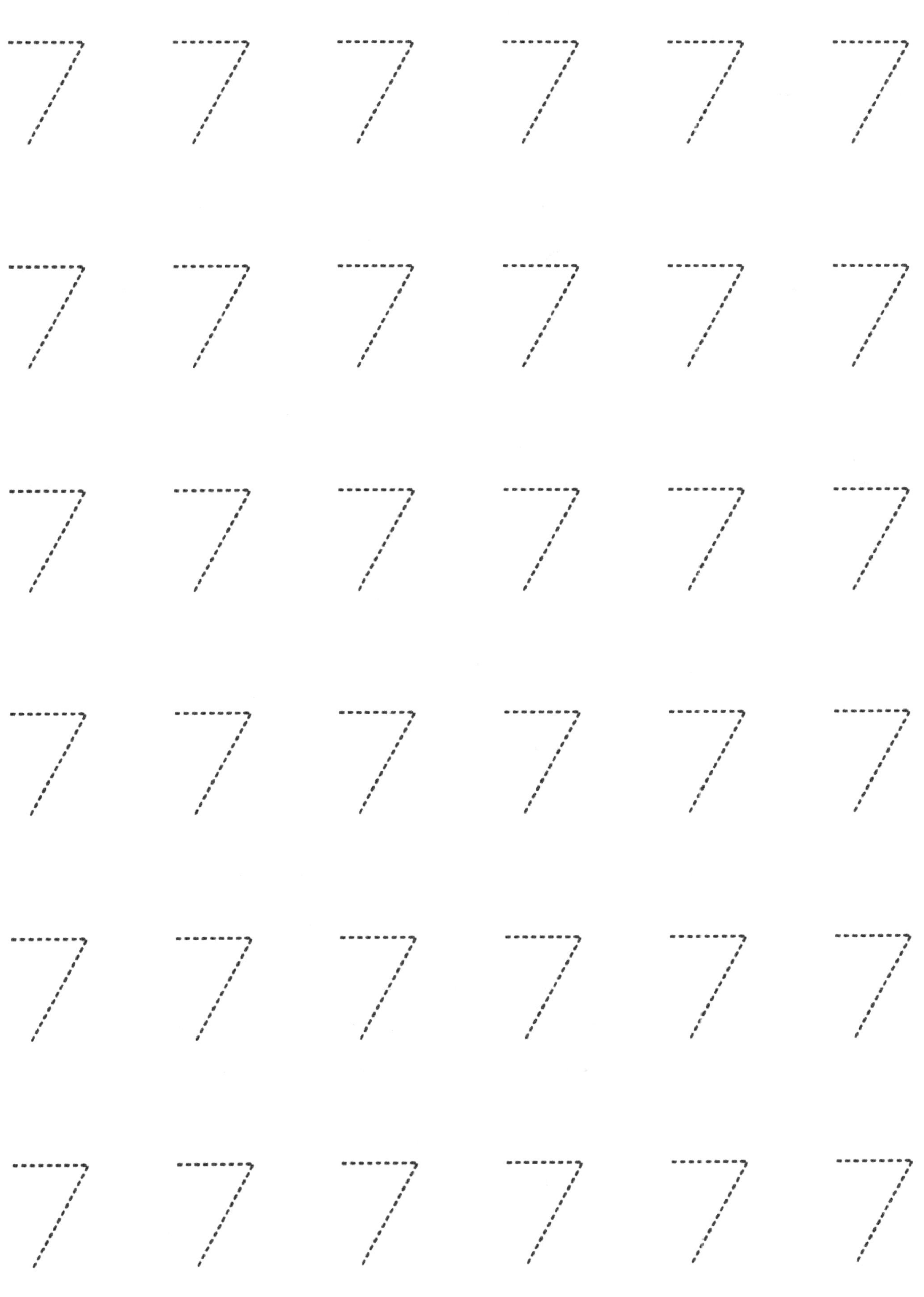

Seven Seven Seven

Seven Seven Seven

Seven Seven Seven

Seven Seven Seven

Seven Seven Seven

Seven Seven Seven

Seven Seven Seven

8
EIGHT
8 8 8 8 8 8
8 8 8 8 8 8
8 8 8 8 8 8
Eight Eight Eight
Eight Eight Eight

Eight Eight Eight

Eight Eight Eight

Eight Eight Eight

Eight Eight Eight

Eight Eight Eight

Eight Eight Eight

Eight Eight Eight

NINE
9 9 9 9 9 9
9 9 9 9 9 9
9 9 9 9 9 9
Nine Nine Nine
Nine Nine Nine

Nine Nine Nine

Nine Nine Nine

Nine Nine Nine

Nine Nine Nine

Nine Nine Nine

Nine Nine Nine

Nine Nine Nine

10 TEN

10 10 10 10 10

10 10 10 10 10

10 10 10 10 10

10 10 10 10 10

10 10 10 10 10

10 10 10 10 10

ten ten ten ten

ten ten ten ten

ten ten ten ten

ten ten ten ten

ten ten ten ten

ten ten ten ten

ten ten ten ten